THE LILY'S BRAITH

SCOTS HAIKU

BY
JOHN McDONALD

TO MY DEAR WIFE ANN, OUR CHILDREN AND
THEIR FAMILIES

coorse wunds
soop athort the burn
...furrd broos

harsh winds
sweep across the stream
...furrowed brows

#

auld photy -
the sin's wrocht ghaists
o ma faimilie

old photograph -
the sun has made ghosts
of my family

\#

rodden tree
laden wi berries -
nae Yule tree bonnier

rowan tree
laden with berries -
no Christmas tree lovelier

\#

vide causey -
casten intae the plainstanes
peever beds

derelict street -
faded into the pavement
hopscotch beds

#

International Mass -
bund thegither
...luve(ly) mosaic!

International Mass -
bound together
...love(ly) mosaic!

#

throuch the haar
brichtness o reid aipples
bein washt

through the mist
brightness of red apples
being washed

#

doactor's surgery -
awbodie
tae-tappin

doctor's surgery -
everybody
toe-tapping

#

auld kirk
towrists in an oot:
thair's naethin thair, they threep!

old church
tourists in and out:
there's nothing there, they say!

\#

youthlins
borein it the priesthood
syndin oot thair unnerweir

young men
studying for the priesthood
washing out their underwear

\#

dinsome pilgrims -
the maister
snibs's door

noisy pilgrims -
the master
locks his door

\#

the fooneral bell's
airn
TUNG!

the funeral bell's
iron
TONGUE!

\#

danderin throuch the cloister
myndins
skimmerin

strolling through the cloister
memories
flickering

\#

efter the waddin
burds romp
amang skailt rice

after the wedding
birds revel
amongst scattered rice

\#

a perk o sinflooers
thair derk heids hingin
...Christ lik

a field of sunflowers
their dark heads hanging
...Christ like

\#

did oniebodie
hearken tae the pluffs?
...bleckened brume huils

did anybody
hear the explosions?
...blackened broom pods

\#

a furst Reid Rab
pluffin's
bricht new breist

a first robin
puffing
his bright new breast

\#

hairst
leaves faw
...greitin sauch

autumn
leaves fall
...weeping willow

\#

a swan preens
in a bul's ee o reengs
...weir i the err

a swan preens
in a bull's eye of rings
...war in the air

\#

a suddent glent
jinkin throuch the gairden
...mauppie's bun

a sudden flash
zigzagging through the garden
...rabbit's tail

\#

thair an no thair -
Reid Rab kittles
the auld gairdner

there and not there -
the robin teases
the old gardner

\#

i the sin
she rists'r heid
on a fedder bed...swan

in the sun
she rests her head
on a feather bed...swan

\#

Reid Rab -
hodden amang
the rodden berries

the robin -
hidden amongst
the rowan berries

\#

hairst mornin
derk skelets
the gairden fou o leaves

autumn morning
dark skeletons
the garden full of leaves

\#

hairst wunds -
leaves
preein ither treen

autumn winds -
leaves
trying out other trees

\#

doon it the mou -
a moose's reft
granfaither's chocolate

disappointed -
a mouse has stolen
grandfather's chocolate

\#

throuch oor upwreilin braith
we're tentie
o the geese winnin awa

through our rising breath
we watch
the geese leaving

\#

plashin
throuch the wuids -
the musky snowk o hairst

splashing
through the woods -
the musky smell of autumn

\#

hairst -
the airtist chirts oot
his umber tube

autumn -
the artist squeezes out
his umber tube

\#

faw'n leaves
sweel an loup
...hairst ballet

fallen leaves
swirl and leap
...autumnal ballet

\#

the hunter's muin
hus sichtit
a tod

the hunter's moon
has sighted
a fox

#

wundblawn leaves
drien alang the causey
...the wanhope o thair scartin

windblown leaves
driven along the street
...their desperate scratching

#

hallae e'en -
pumpkin heids fleet i the derk
...peerie sangs an rimes

halloween -
pumpkin heads float in the dark
...little songs and rhymes

\#

oot frae the derk a jogger
airms sprauchlin
...wabster wuman

out from the dark a jogger
arms flailing
...spider woman

\#

pumpkin heids
aye smirkin
...intae the broth pot

pumpkin heads
still smiling
...into the soup pot

\#

aneath fawin leaves
auld feres tryst
...syne win awa

beneath falling leaves
old friends meet
...then leave

\#

on the acer
a hinmaist reid leaf -
throuch the brainches, sindoon

on the acer
a last red leaf -
through the branches, sundown

\#

as tho
a waffin frae'r winnock
...nocht bit a fawin leaf

as though
a waving from her window
...nothing but a falling leaf

\#

scriever's jam -
nae maitter hou monie tymes
the swan gangs by

writer's block -
no matter how many times
the swan passes

#

yestreen
ah gliskit ma faither's haun
raxin tae me oot frae mine

yesterday
i glimpsed my father's hand
reaching out to me from mine

#

frae the hoaspital winnock
cluds gaither -
sall we cry thaim a waeness?

from the hospital window
clouds gather -
shall we call them a sadness?

\#

owernicht thowe -
the snawman's
on the rin

overnight thaw -
the snowman's
on the run

\#

Advent caunle -
anither inch o licht
i the derkness

Advent candle -
another inch of light
In the darkness

\#

daw lift -
the burn
alowe

dawn sky -
the stream
on fire

\#

on the lintel
muinlicht
sheens frae a bing o clinks

on the mantlepiece
moonlight
shines from a pile of coins

#

Yule -
cairryin hame the bubbly jock,
ristin tae mait the deucks

Christmas -
carrying home the turkey,
resting to feed the ducks

#

boxing day
tuimness, quate -
anely the coot waffs's bunt

boxing day
emptiness, silence -
only the coot waves his tail

\#

the day on the tree
anither gee-gaw
...crescent muin

today on the tree
another ornament
...crescent moon

\#

freesty mornin -
the hern fushin
the bodach's dreepin neb

frosty morning -
the heron fishing
the old man's dripping nose

#

freest -
the plainstanes glentin
a bodach chitterin

frost -
the pavement glittering
an old man shivering

#

hivvie snaw
driftin
swans

heavy snow
drifting
swans

\#

on freestit girss
heroin needles
an spuins

on frosted grass
heroin needles
and spoons

\#

doverin
heid on a concrete pillae
...hameless bunnle

asleep
head on a concrete pillow
...homeless bundle

\#

hame wi'r new hurkle-bane
he sneds a slae brainch -
a limb tae mak'r stieve

home with her new hip-bone
he cuts a blackthorn branch -
a limb to steady her

\#

freest agane -
i the ghaistly gairden
girss stauns on en

frost again -
in the ghostly garden
grass stands on end

\#

blowster Eowyn
agin the winnock
...a hird's huifs

storm Eowyn
against the window
...a herd's hooves
(Eowyn - horse lover)

\#

Burns nicht -
haggis, neeps,
tatties an shoogly legs

Burns night -
haggis, turnips,
potatoes and wobbly legs

#

rottan an craw
teug o weirin
wi a deid chookie

rat and crow
tug of warring
with a dead chicken

#

a quate queir
aboot tae croon
...daffins apenin

a silent choir
about to sing
...daffodils opening

\#

a petal faws
ontae the jotter
...scriever's jam ower

a petal falls
onto the notebook
...writer's block over

\#

kirk flair
fou o crecks
...whaur the yirth muived

church floor
full of cracks
...where the earth moved

\#

a tinglin frae the wuids -
whaur the burn rins
an blaebells growe

a tinkling from the woods -
where the stream runs
and bluebells grow

\#

tooer lowe -
the tuim shall stauns,
a lairstane

tower fire -
the empty shell stands,
a gravestone

#

maggies i the gairden
hap an daff
...chess cums tae mynd

magpies in the garden
hop and play
...chess comes to mind

#

gloamin -
alang the watterside
snawdrap bouets hing

twilight -
along the riverside
snowdrop lanterns hang

\#

Mr and Mrs goosander
soomin fit fir fit
on this Valentine's day

Mr and Mrs goosander
swimming side by side
on this Valentine's day

\#

peerie crocus
blate
amang the daffins

tiny crocus
shy
among the daffodils

\#

bygaun the nursery
kittlie yatterin
...dernt burds

passing the nursery
excited chattering
...hidden birds

\#

tree fellers muive in   -
hameless craws
girnin

tree fellers move in -
homeless crows
grumbling

\#

his bombed hame -
the anely licht is sinlicht
sypin throuch bullet-holes

his bombed home -
the only light is sunlight
seeping through bullet-holes

\#

a dander i the perk -
taigilt in dug-luve
it ilka step

a walk in the park -
tangled in dog-love
at every step

\#

the bodach
cairryin's feesick hame
...hert in a poke

the old man
carrying his medicine home
...heart in a bag

\#

blae bonnets on brainches
frae tap tae boddom
...cheetlin scale

blue tits on branches
from top to bottom
...twittering scale

\#

bannock tuesday -
the mill's bummer trombones
...anither Mardi Gras

pancake tuesday -
the factory's horn trombones
...another Mardi Gras

\#

this mornin
the lily apened
...dumfoonert

this morning
the lily opened
...astonished

\#

sinsheen sprauchles
on the cairpit
forfochen frae sica vaig

sunshine sprawls
on the carpet
weary from such a journey

\#

sic douceness -
the lily's
braith

such sweetness -
the lily's
breath

#

i the press
fernyear's bulbs sprootin -
they ken it's voar afore ah dae

in the cupboard
last year's bulbs sprouting -
they know it's spring before I do

#

this mornin
the birk tree's
a siller plash

this morning
the birch tree
is a silver splash

\#

ma banjoist freen,
his banjo oot o tuin
...dementia

my banjoist friend,
his banjo out of tune
...dementia

\#

aw day
the yin bummer
trevellin the hinny rod

all day
the one bee
travelling the honey road

\#